© Copyright 2024 - Tutti i diritti riservati

Il contenuto di questo libro non può essere riprodotto, duplicato o trasmesso senza l'autorizzazione scritta diretta dell'autore o dell'editore.

In nessun caso si potrà ritenere alcuna colpa o responsabilità legale nei confronti dell'editore, o dell'autore, per eventuali danni, riparazioni o perdite monetarie dovute alle informazioni contenute in questo documento; direttamente o indirettamente.

Note legali:

Questo libro è protetto da copyright. Questo libro è solo per uso personale. Non è possibile modificare, distribuire, vendere, utilizzare, citare o parafrasare qualsiasi parte o il contenuto di questo libro, senza il consenso dell'autore o dell'editore.

Avviso di esclusione di responsabilità:

Si prega di notare che le informazioni contenute in questo documento sono solo a scopo educativo e di intrattenimento. Tutti gli sforzi sono stati eseguiti per presentare informazioni accurate, aggiornate, affidabili e complete. Nessuna garanzia di alcun tipo è dichiarata o implicita. I lettori riconoscono che l'autore non è impegnato nella fornitura di consulenza legale, finanziaria, medica o professionale.

La guida moderna alla pubblicità a pagamento per gli imprenditori

Un'introduzione rapida agli annunci di Google, Facebook, Instagram, YouTube e TikTok

Prefazione

Ciao, lettore!

Vorrei innanzitutto sottolineare che questo libro è inteso come una guida rapida e semplice alle moderne piattaforme pubblicitarie che ti introdurrà al moderno panorama pubblicitario e ti darà gli strumenti necessari per uscire nel mondo e utilizzare questi strumenti, iniziando subito dopo aver terminato il testo.

Non è una guida definitiva, né esaustiva nella sua analisi. Se è quello che stai cercando, ti suggerisco di andare altrove. Se stai cercando gli elementi essenziali, i suggerimenti e i trucchi assoluti per aggiornarti sull'argomento, benvenuto in *The Modern Guide to Paid Advertising for Business Owners*

Introduzione

Le persone e le aziende esperte nella pubblicità a pagamento hanno essenzialmente accesso a una stampante di denaro. C'è un eccesso di canali pubblicitari disponibili, che vanno da Facebook e TikTok a Google e YouTube. La maggior parte degli annunci ha lo scopo di vendere un prodotto o un servizio, anche se alcune grandi aziende eseguono campagne massicce solo per costruire l'avviamento del marchio. I buoni annunci progettati per vendere un prodotto o un servizio sono redditizi per tutta la vita; il profitto maturato dagli annunci è maggiore della spesa pubblicitaria, non necessariamente a breve termine, ma considerando il lifetime customer value (LTV) derivato.

Poiché la pubblicità a pagamento è così scalabile e raggiunge così tante centinaia di milioni di persone, gli

La creazione di ottimi funnel pubblicitari a pagamento non riguarda solo gli annunci. Invece, ogni fase dell'imbuto deve essere ottimizzata per portare il maggior numero possibile di persone alla fase successiva. Nel caso teorico, supponiamo che 1 milione di persone veda l'annuncio YouTube di una piccola impresa. Su 1 milione, solo 10.000 fanno clic sull'annuncio e passano alla pagina di destinazione. Quindi, solo 1.000 progressi alla pagina di checkout del prodotto e 100 si convertono in una vendita. In qualsiasi momento, un passo sbagliato nell'imbuto (ad esempio, un sito web, un annuncio o una pagina di checkout scadenti) potrebbe avere un impatto drastico sui risultati. In questo modo, ogni fase deve essere lavorata per garantire che venga creato il miglior funnel complessivo possibile. Esploriamo i suggerimenti per creare e migliorare ogni fase dell'imbuto.

Nella parte superiore di un funnel pubblicitario a pagamento c'è un annuncio, che viene mostrato agli utenti di un determinato mezzo, come un sito Web di social networking. Gli annunci di solito sono la fase di conversione più bassa dell'intero funnel poiché gli utenti sono sovraesposti agli annunci sulla maggior parte delle piattaforme. Anche se l'argomento della creazione degli annunci verrà esplorato a fondo in tutte le sezioni della piattaforma per annuncio, concentrati su questi aspetti chiave su tutta la linea (e su tutte le piattaforme) quando crei gli annunci:

Crea pensando al tuo pubblico. Non stai creando una pubblicità per tutti. Stai creando inserzioni progettate per entrare in risonanza con il tuo pubblico (i tuoi futuri clienti). Mantieni quel gruppo e i loro problemi specifici a fuoco.

Copywriting/conversazione. A seconda del formato (foto, video, testo, ecc.), hai un breve tempo per comunicare un messaggio ai tuoi spettatori. Negli annunci video, devi avere un gancio conciso (a seconda della lunghezza), mentre negli annunci basati su foto e testo, un titolo accattivante è imperativo. Lavora sulla semplicità e incorpora gli slogan del marchio identificati nella sezione della strategia del marchio. Assicuratevi, soprattutto, che se foste nei panni di un potenziale cliente, continuereste a guardare il vostro annuncio (chiedete anche ad alcuni amici: potreste essere un po' di parte).

Progettazione (elementi visivi). Le immagini, o immagini, dipendono dal tipo di pubblicità che scegli di produrre. Gli annunci video sono visivamente diversi dalla grafica o dagli annunci di testo. Quando si tratta di annunci video, le immagini e gli elementi di design dovrebbero supportare e promuovere la messaggistica e l'invito all'azione. Ripensa alla sezione della strategia del marchio e basa il design su quelle scelte. Prendi in considerazione il ritmo e la durata: vuoi produrre solo un annuncio video di 15 secondi o magari un video più lungo di 2 minuti. Queste scelte saranno prese in considerazione in modo approfondito in tutta la sezione degli annunci di YouTube. Per gli annunci basati su foto, è ancora più importante che gli elementi visivi supportino il messaggio e l'invito all'azione dell'annuncio. Mantienilo semplice e in linea con il marchio.

Messaggio. Al di là dell'aggancio iniziale, le grandi pubblicità incentrate sul prodotto trasmettono chiaramente il valore della loro attività e della loro offerta agli spettatori. La maggior parte identifica o allude a un problema e descrive la soluzione offerta, spesso in un modo che incorpora la riprova sociale. Indipendentemente dal tipo di pubblicità che produci, tieni a mente il messaggio e mantienilo breve e potente.

Invito all'azione. Le call-to-action incoraggiano i clienti a intraprendere le azioni che portano al tuo KPI. Gli inviti all'azione possono assumere la forma di "acquista ora", "prenota una chiamata" o "scopri di più". Qualunque cosa sia, assicurati che sia visivamente chiara e diretta. Prendi in considerazione l'idea di offrire una sorta di incentivo al di là della proposta di valore dell'azienda, come uno sconto, una prova o un premio, e cerca di aumentare l'urgenza.

A seguito delle conversioni derivate dagli annunci, i clienti vengono solitamente indirizzati a una pagina di destinazione di qualche tipo. Una landing page è un'era web autonoma creata appositamente per una campagna di marketing. In alternativa, puoi indirizzare gli spettatori a un profilo social della tua azienda su cui stai cercando di far crescere un seguito. La pagina di destinazione in genere incanala gli utenti alla fase finale dell'imbuto, che si tratti di iscriversi a una mailing list, visitare la posizione geografica di un negozio o acquistare un prodotto online. Quando crei pagine di destinazione o siti web, prendi in considerazione queste best practice:

Comunica chiaramente un messaggio. La maggior parte delle persone farà clic sulla tua pagina di destinazione quasi immediatamente. La tua pagina deve avere un titolo forte che trasmetta in modo conciso il valore della pagina (perché uno spettatore dovrebbe rimanere). Puoi utilizzare lo slogan della tua attività o offrire uno sconto. Indipendentemente da come lo fai, assicurati che qualcuno nel tuo pubblico di destinazione che non ha precedenti esposizioni alla tua attività voglia rimanere.

Immagini vivaci e testi avvincenti. Questo si collega alla strategia del tuo marchio nel suo complesso: assicurati che le immagini (che sono un must!) e i colori della pagina di destinazione comunichino l'atmosfera dell'azienda. Ad esempio, se sei un'agenzia di interior design personalizzata, puoi scegliere di optare per colori chiari e amichevoli e immagini di clienti e membri del team felici. Se offri consulenza operativa a clienti aziendali, puoi utilizzare un set di colori più scuro e raffinato con immagini basate sui dati. Inoltre, assicuratevi che il vostro titolo sia seguito da un copywriting conciso ma potente. Le testimonianze, le foto con i clienti e le immagini di prova sociale (tutto ciò che comunica che sei reale e professionale) funzionano bene.

Forte invito all'azione. La tua call-to-action spinge gli spettatori della pagina a eseguire un'azione che li spinge più avanti lungo la canalizzazione. Ad esempio, "scarica", "scaricalo ora" e "prenota una chiamata" sono tutti inviti all'azione. Assicurati che l'invito all'azione sulla tua pagina di destinazione sia chiaro e che tutti gli elementi della pagina portino gli spettatori ad essa. Puoi offrire una sorta di sconto o ricompensa per incoraggiare le persone a partecipare all'invito all'azione.

Assicurati che il processo di iscrizione all'invito all'azione non sia difficile. Fare clic su "prenota una chiamata" e poi dover compilare pagine di informazioni personali, ad esempio, ridurrà sicuramente drasticamente i tassi di iscrizione anche una volta cliccato il pulsante di invito all'azione. Piuttosto, semplifica e abbrevia l'esperienza del cliente per quanto ragionevolmente possibile.

Ora abbiamo esplorato i passaggi generali coinvolti nella creazione di un funnel pubblicitario a pagamento: prima l'annuncio, poi la pagina di destinazione e infine l'invito all'azione e il comportamento risultante. Passiamo ora a una descrizione delle principali piattaforme pubblicitarie e delle migliori pratiche per ciascuna.

Annunci Google

Google Ads è la piattaforma pubblicitaria per eccellenza dei motori di ricerca. Serve annunci pubblicitari alle 70.000 persone che cercano qualcosa su Google ogni secondo e ai suoi quattro miliardi di utenti complessivi.

Google Ads ha una percentuale media di clic del 2%, il che significa che un utente su cinquanta fa clic su un annuncio normale. 1,2 milioni di aziende utilizzano Google Ads, mentre le aziende guadagnano in media $ 2 di entrate per ogni dollaro pubblicitario speso.

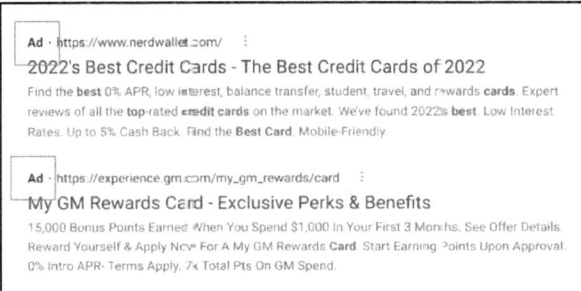

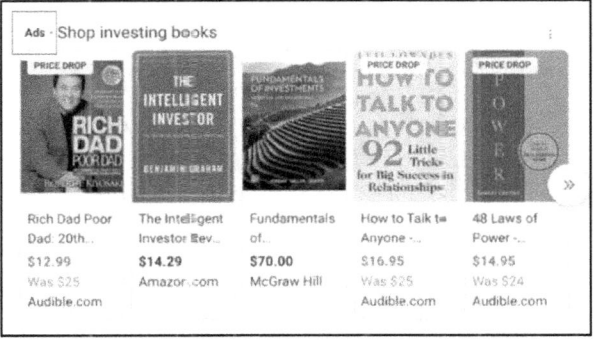

In sintesi, Google Ads è uno strumento potente per tutti i tipi di attività. La piattaforma è costruita su un PPC, o pay-per-click. Ciò significa che paghi solo quando il tuo annuncio viene cliccato: se 1 persona su 100 fa clic sull'annuncio, paghi solo per un clic, non per le cento visualizzazioni (note come impressioni).

Tieni a mente i seguenti termini non solo quando si tratta di Google Ads, ma di tutte le piattaforme pubblicitarie PPC:

- Un **parola chiave** è una parola o una frase cercata dagli utenti che vedono il tuo annuncio.
- Percentuale di clic, nota come **CTR** o **CTW**, è il numero di clic diviso per le impressioni o il numero di persone che hanno fatto clic sul tuo annuncio rispetto al numero di persone che lo hanno visto (ad esempio, se una persona su cento fa clic su un annuncio, il CTR è dell'1%).
- Un **offerta** è quanto sei disposto a pagare per ogni clic. Le piattaforme pubblicitarie funzionano come le case d'aste: dato che molte aziende competono per le stesse

parole chiave, solo l'annuncio con l'offerta più alta ottiene il posizionamento.[1]

- La tua **CPC**, o costo per clic, è il costo degli annunci diviso per il numero di clic.
- **ROAS**, o ritorno sulla spesa pubblicitaria, equivale al valore di conversione totale (ad esempio, unità vendute o clienti generati) diviso per i costi totali. È simile in questo modo al ROI, anche se tieni presente che si basa sui ricavi divisi per i costi, non sul profitto.

Tenendo a mente questi termini, visita **ads.google.com** per iniziare a utilizzare Google Ads. Tieni presente che Google offre $ 500 di credito

---

[1] Questa è una semplificazione. Attieniti ad esso per ora, ma tieni presente che la qualità conta, non solo il prezzo dell'offerta.

pubblicitario gratuito agli utenti per la prima volta che spendono $ 500 in annunci.

Una volta effettuata la registrazione con la tua e-mail aziendale, segui alcuni brevi passaggi di configurazione. Arriverai alla pagina "ora è il momento di scrivere il tuo annuncio".

Quando scrivi un testo, concentrati sulla semplicità. Hai uno spazio limitato, quindi ripensa al tuo pubblico di destinazione e al tuo messaggio. Includi un invito all'azione e assicurati che i tuoi annunci siano in linea con ciò che gli spettatori sperimenteranno quando faranno clic sull'annuncio e progrediranno lungo la canalizzazione. Usa la riprova sociale e, se hai intenzione di fare pubblicità a livello locale, chiarisci che servi un'area locale specifica.

Nella pagina successiva, scegli parole chiave specifiche e pertinenti che immagini che qualcuno interessato al tuo prodotto o servizio cercherebbe. Quindi, specifica le località in cui desideri pubblicare il tuo annuncio. Se sei un'azienda con una sede fisica, scegli un approccio iper-locale. In caso contrario, scegli le aree che rappresentano maggiormente la fascia demografica a cui stai mirando.

Infine, scegli un budget ragionevole (inizia in piccolo, ma non abbastanza piccolo da rendere i risultati difficili da misurare). Una volta aggiunte le informazioni di pagamento, sei pronto per partire! Conferma che l'offerta di credito di $ 500 sia applicata al tuo account (visualizzabile quando aggiungi le informazioni di pagamento).

L'algoritmo di Google Ads incorpora un punteggio di qualità nelle offerte. Per questo motivo, i nuovi account e le nuove campagne potrebbero richiedere un po' di tempo per essere avviati: tieni presente che è Google che cerca di capire la qualità del tuo annuncio, non una colpa tua.

Mentre continui a utilizzare gli annunci Google, prendi in considerazione le seguenti strategie e best practice:

- **Titoli e descrizioni dei test A/B.** Il gioco pubblicitario consiste nel testare il maggior numero possibile di annunci e parole chiave e nell'ordinarli per identificare i migliori risultati. A tale scopo, esegui test A/B creando nuovi annunci che modificano solo una variabile degli annunci con il rendimento migliore. Ad esempio, se il tuo annuncio con il rendimento migliore è rivolto a persone in

Canada con il termine di ricerca "acquista attrezzatura fotografica", prova a fare pubblicità con la stessa parola chiave nel Regno Unito. Lo split test in questo modo nel tempo, così come la stratificazione su aree demografiche e di interesse (su altre piattaforme e su Google), è la formula collaudata per il successo PPC a lungo termine.

- **Elimina le parole chiave e le località a basso rendimento nel tempo.** Testando molte parole chiave e rimuovendo costantemente quelle con il rendimento più basso, otterrai gli annunci più redditizi e meno costosi.

- **Fai pubblicità sulle parole chiave dei concorrenti.** Se le persone cercano concorrenti che offrono prodotti o servizi simili ai tuoi, probabilmente saranno interessati anche ai tuoi prodotti e servizi. Quindi, aggiungi semplicemente i nomi dei tuoi concorrenti come parole chiave su cui verranno visualizzati i tuoi annunci. Quando utilizzi questa strategia, concentrati su ciò che ti differenzia dalla concorrenza nei titoli e nelle descrizioni.

Notate come queste strategie si manifestano in una promozione di un libro che sto attualmente conducendo (sotto). L'annuncio opera con un CTR basso dell'1% e un CPC di $ 0,05 altrettanto basso. Dato che circa il 3% dei clic si converte in una vendita e il profitto medio derivato da ciascuna vendita è di $ 3,5, l'annuncio genera un ROAS di profitto di 1,8 o $ 1,8 di profitto lordo per ogni dollaro speso in pubblicità.

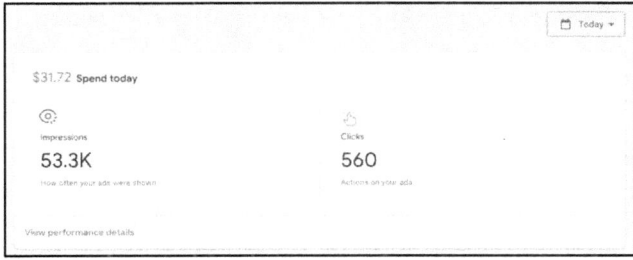

Oltre a queste strategie generali, ecco alcuni strumenti che possono aiutarti a identificare le parole chiave e ottimizzare gli annunci:

- **SEMrush**: potente ricerca e analisi delle parole chiave.
- **SpyFu:** monitoraggio delle parole chiave e ricerca della concorrenza.
- **Rispondi al pubblico**: guarda cosa cercano le persone.

- **ClickCease**: previene le frodi sui clic e le click farm.
- **Dashword**: ottimizza il testo dell'annuncio.

Concluderò ribadendo che Google è di gran lunga la più grande piattaforma pubblicitaria al mondo, con miliardi di consumatori che fanno clic sui suoi annunci. Dategli tempo e capite che la redditività non dipende solo dalla fortuna quando si tratta di successo PPC, ma piuttosto dal lavoro che dedichi all'ottimizzazione delle campagne.

Annunci di YouTube

In qualità di sito di condivisione video leader a livello mondiale, YouTube registra oltre due miliardi di visitatori unici al mese. Rispetto agli annunci Google basati su testo, YouTube ti consente di presentarti a un pubblico in modo altamente visivo e, se fatto bene, coinvolgente.

Poiché Google possiede YouTube, YouTube Ads può essere configurato sulla piattaforma Google Ads e YouTube ti consente di pubblicizzare video nei risultati di ricerca di Google.[2] Ci concentreremo sulla pubblicità video all'interno della piattaforma YouTube.

---

[2] Oltre a pubblicizzare annunci di solo testo all'interno di YouTube.

Gli annunci di YouTube possono essere utilizzati per aumentare il coinvolgimento e aumentare la crescita degli iscritti su un canale YouTube o (come è più popolare) per indirizzare gli spettatori lungo un funnel per interagire con una determinata attività. Nella mia campagna qui sotto, nota il CPV a basso costo, o costo per visualizzazione. In sostanza, per circa $ 100, questa campagna è stata in grado di 10 volte il numero medio di visualizzazioni del canale in quel momento, mostrare l'annuncio a quasi 300.000 persone nelle vicinanze dell'azienda dietro il canale e generare una significativa trazione degli abbonati.

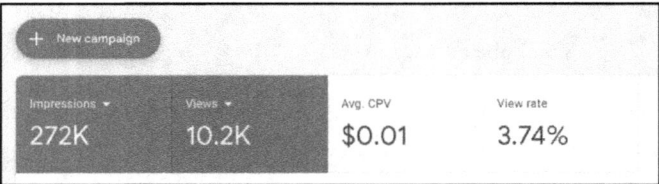

In alternativa, prendi nota della campagna seguente, che è stata progettata per generare clic e indirizzare i clienti a un sito web. Entrambi questi modelli contrastanti, o una combinazione dei due, possono essere utilizzati in base agli obiettivi della tua strategia digitale e social.

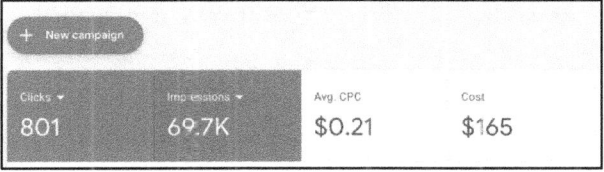

Ora, nota i diversi tipi di annunci di YouTube, come segue:

Annunci video in-stream ignorabili: Questi annunci vengono riprodotti prima (pre-roll) o durante un video (mid-roll) e possono essere saltati dopo cinque secondi. Come nel modello PPC, paghi solo se uno spettatore fa clic sull'annuncio o guarda l'intero video (se di durata inferiore ai trenta secondi) o i primi trenta secondi.

Annunci video in-stream non ignorabili: poiché la maggior parte degli spettatori di YouTube salta automaticamente gli annunci dopo cinque secondi, YouTube offre annunci in-stream non ignorabili. Questi annunci, che possono avere una durata massima di 15 secondi, non possono essere ignorati dagli utenti e vengono riprodotti prima o durante un video. Tuttavia, YouTube addebita le impressioni per gli annunci non ignorabili, anziché per clic o per visualizzazione. Pertanto, l'aumento del costo degli annunci non ignorabili deve essere soppesato rispetto all'aumento del coinvolgimento.

Annunci discovery: questi annunci vengono visualizzati accanto ai risultati di ricerca anziché prima o durante un video. A differenza degli spettatori che guardano direttamente il video, hanno la possibilità di fare clic su di esso ed essere indirizzati verso il video o il canale associato. Gli annunci discovery consentono tre righe di testo oltre a un video e, per questo motivo, sono utili per le aziende con testi accattivanti (in particolare script di testo che hanno funzionato bene su altre piattaforme pubblicitarie) e una minore attenzione all'approccio solo video.

Per impostare una campagna iniziale, accedi al tuo account Google Ads o registrati all'indirizzo ads.google.com (tieni presente che il credito di $ 500 sul tuo account Google Ads può essere applicato anche a YouTube Ads).

Fai clic su "Nuova campagna". Scegli un obiettivo della campagna, proprio come faresti quando configuri un annuncio Google e, quando selezioni il tipo di campagna, assicurati di scegliere "video".[3] Potrebbe essere necessario impostare il monitoraggio delle conversioni, che è una semplice integrazione del sito web, a seconda dell'obiettivo scelto.

Quindi, seleziona il sottotipo di campagna (uno dei tipi di annunci descritti sopra). Per il momento, ignora "outstream" e "sequenza di annunci". Scegli la lingua dell'annuncio, le località in cui desideri fare pubblicità, l'obiettivo della campagna (la selezione automatica va bene e non è necessario impostare un costo per azione target come utente per la prima volta) e il tuo budget.

---

[3] Puoi anche raggiungere direttamente la pagina di configurazione dell'annuncio video cercando su Google "annunci di YouTube".

Ora puoi creare un pubblico personalizzato, che incorpora dati demografici, interessi e remarketing (ad esempio, utenti che hanno già interagito con i tuoi contenuti o il tuo sito web). Progetta il tuo pubblico personalizzato in base al pubblico di destinazione che hai definito per la tua attività nella sezione della strategia del marchio. Assicurati di non essere eccessivamente specifico, altrimenti la portata dell'annuncio sarà limitata. Per quanto riguarda i posizionamenti, se non conosci la pubblicità online, crea un'ampia rete attraverso alcune dozzine di parole chiave, argomenti e posizionamenti che si adattano al tuo pubblico di destinazione. Google lo farà per te in base al contenuto del video con cui fai pubblicità, quindi puoi anche scegliere di lasciare i posizionamenti come "qualsiasi".

Potrebbe essere necessario aggiungere contenuti per un banner companion: in tal caso, lascia che Google lo generi automaticamente per te. Infine, assicurati di scegliere un invito all'azione e un titolo forti da visualizzare sotto l'annuncio video.

Ora sei pronto per fare clic su "crea campagna". La pubblicazione dell'annuncio dovrebbe iniziare entro poche ore. Tieni a mente queste strategie e suggerimenti mentre continui a utilizzare YouTube Ads:

Assicurati che il tuo **account Google Ads sia collegato al tuo canale YouTube**. Per fare ciò, fai clic su "strumenti e impostazioni", "configurazione" e "account collegati".

Imposta gli annunci di YouTube come non in elenco. Gli annunci di YouTube devono essere caricati su YouTube. Se intendi utilizzare i video per gli annunci ma non vuoi che siano pubblici sul tuo canale principale, imposta la visibilità su "non in elenco" nelle impostazioni del video. Inoltre, scarica le app YouTube Studio e Google Ads per l'analisi in movimento.

In uno studio di Unskippable Labs, **gli annunci YouTube ignorabili di 30 secondi hanno il più alto tasso di visualizzazione (VTR).** I primi cinque secondi circa sono i più importanti: focalizza un annuncio sulla proposta di valore, sulla presentazione, sullo slogan o sull'offerta fatta in quel periodo di tempo iniziale.

Progetta annunci specifici per la visualizzazione su dispositivi mobili o desktop. Gli annunci per la visualizzazione su dispositivi mobili devono contenere testo ed elementi grafici chiari e di grandi dimensioni. Il desktop offre più spazio per gli elementi creativi e le funzionalità di design.

Sfrutta gli esperimenti delle campagne. Gli esperimenti sulle campagne (simili ai test A/B su Facebook, come sta per accadere) consentono agli utenti di copiare le inserzioni e modificare una o più variabili. In questo modo puoi verificare in che modo la modifica di determinate variabili, come parole chiave, pagine di destinazione o segmenti di pubblico, influisce sul rendimento degli annunci.

Vince la qualità. Lo stesso vale per l'autenticità. Qualità e autenticità rappresentano due approcci contrastanti alla pubblicità, ad esempio una pubblicità in stile Superbowl con attori famosi, set complessi ed effetti visivi rispetto a una persona che registra sul proprio iPhone 6 nel proprio salotto. Entrambi i temi funzionano: prenditi un po' di tempo per pensare a quale tipo di tema e stile dell'annuncio generale si adatta al tuo marchio e comunica con il tuo pubblico nel miglior modo possibile. Chiedere aiuto all'esterno per creare ottimi annunci è quasi sempre la mossa giusta.

Impara dai concorrenti e da te stesso. Se i concorrenti che offrono prodotti o servizi simili ai tuoi pubblicano annunci YouTube da un po' di tempo, probabilmente hanno capito qualcosa. Usa i loro annunci come punto dati quando valuti come progettare i tuoi annunci e le tue campagne. Inoltre, se hai avuto successo su altre piattaforme pubblicitarie, incorpora queste conoscenze nel processo di creazione e ottimizzazione degli annunci di YouTube. Le tue attività di marketing sommate (soprattutto tra le piattaforme pubblicitarie digitali) sono meglio viste come una rete che impara in modo esponenziale cosa funziona e cosa no nel tempo.

Ora abbiamo parlato degli annunci di YouTube: il prossimo è il colosso degli annunci social.

Seguici su Facebook Annunci

Mentre Google può essere la quintessenza della piattaforma pubblicitaria del motore di ricerca (browser), Facebook è la classica piattaforma pubblicitaria dei social media. Facebook ha quasi tre miliardi di utenti attivi mensili, mentre il tasso di conversione medio (CTR) degli annunci di Facebook è di circa il 9% e il 41% dei rivenditori intervistati ha dichiarato che il proprio ROAS è stato più alto su Facebook. Facebook è anche una potente piattaforma pubblicitaria in quanto fornisce una serie di strumenti per consentire agli inserzionisti di indirizzare con precisione le persone che cerca di raggiungere, ad esempio attraverso interessi, comportamenti, cronologia e così via. Sebbene la targettizzabilità degli annunci di Facebook sia diminuita negli ultimi tempi a causa di problemi di privacy, presenta ancora strumenti di targeting molto potenti rispetto alla maggior parte delle principali piattaforme pubblicitarie.

Gli annunci di Facebook sono integrati con Instagram (poiché Meta, ex Facebook, possiede sia Facebook che Instagram) nella misura in cui gli annunci creati tramite Facebook possono essere pubblicati contemporaneamente su Instagram.

Infine, Facebook ha un "Meta pixel" (ex pixel di Facebook) che è un pezzo di codice aggiunto al tuo sito web. Ciò ti consente di monitorare efficacemente le azioni che i clienti intraprendono tramite le inserzioni di Facebook per monitorare meglio le conversioni e le metriche di fondo. Il pixel di Facebook ti consente anche di effettuare il retargeting dei clienti in un secondo momento, poiché tiene traccia delle loro azioni una volta che visitano il tuo sito Web e aggrega tali dati per ottimizzare automaticamente gli annunci. I pixel possono anche essere impostati sul tuo sito web anche prima di iniziare a utilizzare gli annunci di Facebook.

Per fare ciò, vai su "Gestione eventi" sotto "tutti gli strumenti" in business.facebook.com. Fai clic su "connetti origini dati", "web", quindi seleziona "Meta Pixel". Fai clic su Connetti, quindi assegnagli un nome e inserisci l'URL del tuo sito web. Sarai in grado di connetterti automaticamente a WordPress. Se hai scelto di utilizzare un provider di siti Web diverso da WordPress, cerca un tutorial su come installare manualmente il pixel in quel sistema.

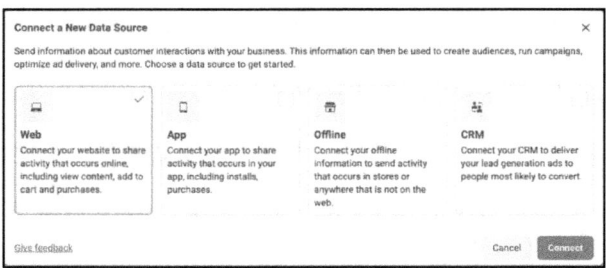

Una volta integrato il pixel, puoi impostare gli eventi. Gli eventi sono azioni che le persone compiono sul tuo sito web, come l'acquisto di un prodotto, l'iscrizione a una mailing list o la prenotazione di una riunione. Sebbene sia possibile impostare gli eventi manualmente, è più facile farlo tramite lo strumento di configurazione degli eventi, che si trova in Gestione eventi di Meta.

Con il pixel installato correttamente e gli eventi creati, esploriamo la piattaforma pubblicitaria di Facebook e la configurazione della campagna.

Conferma di aver effettuato l'accesso al tuo account aziendale di Facebook. Quindi, visita facebook.com/adsmanager/manage/campaigns, che ti porterà direttamente a Gestione inserzioni. Assicurati di scaricare l'app Gestione inserzioni di Meta per l'analisi dei dispositivi mobili.

Quindi, fai clic sul pulsante "crea" sotto le campagne e scegli un obiettivo della campagna. La maggior parte delle piccole imprese opta per le vendite, i lead o la consapevolezza. Una volta scelto, verrai reindirizzato alla pagina della nuova campagna. Gli annunci di Facebook operano sui seguenti tre livelli:

Campagne Definisci gli obiettivi di primo livello della tua pubblicità, ad esempio l'obiettivo, e semplifica il raggruppamento di diverse campagne in base allo scopo assegnato.

Gruppi di inserzioni sono un livello inferiore alle campagne e definiscono un determinato pubblico a cui vengono mostrati gli annunci pubblicitari. Qui potrai anche impostare il budget, la programmazione e le offerte. Infine, un **annuncio** è ciò che i clienti vedono. A livello di inserzione, aggiungerai testo, immagini e un pulsante di invito all'azione.

Pertanto, ogni gruppo di inserzioni può avere più inserzioni e ogni campagna può avere più gruppi di inserzioni. Durante la configurazione, ti verrà chiesto di creare una campagna, un gruppo di inserzioni e un'inserzione.

Torna alla schermata di configurazione della campagna, scegli un nome, mantieni disattivato "Test

A/B" (poiché è più facile farlo nella barra degli strumenti di gestione inserzioni), attiva "Vantaggio budget campagna" e premi Avanti.

Ora, nella pagina di creazione del gruppo di inserzioni, puoi definire il pubblico che desideri raggiungere. Collega il pixel, attiva la "creatività dinamica" e imposta un budget. È meglio suddividere il budget tra molti annunci (per incanalarlo verso gli annunci con il rendimento migliore) invece di spenderlo tutto per un singolo annuncio.

Quindi, scegli il tuo pubblico. I segmenti di pubblico possono essere personalizzati in base alla posizione, all'età, al sesso, alle connessioni, ai dati demografici, agli interessi, alle lingue e ai comportamenti. Anche in questo caso, gli annunci riguardano davvero la sperimentazione quindi dovresti mirare a testare una varietà di segmenti di pubblico nel tempo. Per il momento, personalizza il pubblico in base al tipo normale di cliente che servi. Non sentire il bisogno di utilizzare tutte le opzioni di targeting: se la tua base di clienti non è prevenuta verso un determinato genere, ad esempio, lasciala semplicemente come "tutti i generi". Anche se di solito è meglio mantenere la selezione del pubblico specifica per cominciare, assicurati che il pubblico scelto non sia troppo piccolo. In caso contrario, non sarai in grado di generare un numero sufficiente di impressioni né conversioni significative. Mantieni attivo il "targeting dettagliato dei vantaggi" e assicurati di salvare il pubblico per un ulteriore utilizzo e test A/B. Lascia vuoto il campo "obiettivo costo per risultato" per il momento.[4]

Ora puoi passare alla pagina di configurazione dell'annuncio. Assicurati che gli account Facebook e Instagram collegati siano corretti. Quindi, scegli il formato e tieni presente che "carosello" è il migliore per visualizzare più immagini o video che descrivono in dettaglio le tue offerte o la tua attività.

Gli annunci PPC per i media personalizzati sono i migliori: come con gli annunci di YouTube, le persone notano grafica, foto e video di qualità. Ancora più importante, quasi tutti scorreranno immediatamente quelli cattivi. Concentrati sulla semplicità e sulle

---

[4] Poiché il costo per risultato varia notevolmente, è meglio impostare un obiettivo solo dopo aver stabilito una linea di base.

immagini accattivanti. Come sempre, assicurati di incorporare elementi della strategia del tuo marchio.

Quando progetti il tuo annuncio e scrivi il testo, pensa alla proposta di valore dell'annuncio: hai bisogno di qualcosa di così appiccicoso o allettante che le persone sicuramente indagheranno. Potrebbe trattarsi di un grande sconto, di un prodotto unico, di un servizio locale o di un messaggio straziante. Qualunque cosa sia, assicurati che sia chiara nel titolo, nel testo principale e nella grafica. Le specifiche degli annunci sono le seguenti:

- **Annunci illustrati**: Dimensioni: 1.200x628 pixel. Rapporto: 1,91:1.
- **Annunci video**: Dimensione del file: 2,3 GB max. Dimensioni miniatura: 1.200 x 675 pixel.

- **Annunci** carosello: Dimensioni dell'immagine: 1.080 x 1.080 pixel.
- **Annunci in presentazione**: Dimensioni: 1.289 x 720 pixel. Rapporto: 2:3, 16:9 o 1:1.

Assicurati di compilare le cinque possibili opzioni per il testo del titolo e della descrizione (anche in questo caso, procedi a ritroso per identificare i top performer da un set di partenza forte). Non esagerare con le parole chiave o cercare di sembrare eccessivamente clickbaity: comunica semplicemente il tuo valore.

Infine, scegli un pulsante di invito all'azione pertinente. Una volta terminato, hai creato una campagna, un gruppo di inserzioni e un'inserzione. Non resta che fare clic su Pubblica.

Segui la stessa strategia descritta nella sezione Google Ads: suddividere il budget tra diversi annunci e insiemi, rimuovere quelli con le prestazioni peggiori, eseguire test A/B con le prestazioni migliori e continuare questo processo nel tempo (o nella misura in cui è più utile per la tua attività). Per concludere, ecco alcuni suggerimenti rapidi da considerare:

- Crea inserzioni Facebook Canvas: sebbene la creazione richieda un maggiore sforzo, è dimostrato che aumentano il coinvolgimento.
- Aumenta la visibilità dei post attraverso l'obiettivo "coinvolgimento".
- Sfrutta lo strumento "pubblico simile".
- Scegli di pubblicare gli annunci solo su computer o dispositivi mobili (a seconda di

quale si adatta meglio alla tua canalizzazione).

Questo conclude gli annunci di Facebook. Si noti che le modifiche alla privacy stanno costringendo Facebook ad aggiornare spesso i suoi meccanismi di tracciamento. Questo libro verrà aggiornato ogni anno per riflettere le condizioni attuali nel modo più accurato possibile, ma tieni presente che il processo di configurazione può variare nel tempo.

Annunci di Instagram

Le inserzioni di Facebook vengono visualizzate automaticamente su Instagram. Questa sezione riguarda la funzione "post sponsorizzati" su Instagram, che consente agli utenti di promuovere i post di Instagram come se fossero annunci. Gli annunci di Instagram sono un ottimo modo per aumentare l'esposizione e ottenere rapidamente un seguito su Instagram.

Per promuovere i post, accedi a un account Instagram aziendale (professionale). Vai su "strumenti pubblicitari" e tocca "scegli un post". Scegli il post che vuoi promuovere: se non hai ancora collegato il tuo account Instagram alla pagina Facebook della tua azienda, ora è il momento.

Quindi, imposta l'obiettivo dell'inserzione, personalizza il pubblico che desideri raggiungere e scegli il tuo budget. La pubblicazione dell'inserzione inizierà a breve: tieniti aggiornato con le analisi tramite il pulsante di analisi su ogni post o il pulsante "strumenti pubblicitari".

Se hai un negozio Instagram collegato alla tua pagina, puoi taggare i tuoi prodotti in un post e quindi mettere in evidenza quel post per includerli in un'inserzione.

Sebbene gli annunci di Instagram non abbiano la stessa probabilità di fornire risultati asimmetrici rispetto a piattaforme come Google o Facebook, sono notevolmente stabili e coerenti nei risultati che forniscono e, come detto, un ottimo modo per aumentare l'esposizione e far crescere un seguito.

Considera l'analisi di una mia promozione post su piccola scala. $ 200 di spesa pubblicitaria hanno generato circa 1.400 Mi piace, 70 condivisioni e 5.881 visite al profilo, che si sono convertite in diverse centinaia di nuovi follower. Su un account relativamente piccolo, questo è stato un grande impulso alla crescita della pagina e all'esposizione del post.

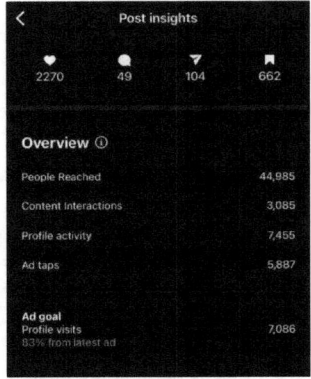

Sfortunatamente, Instagram attualmente non offre ricompense agli utenti di Instagram Ads per la prima volta. Se desideri un credito per creare un'inserzione tramite Facebook che potrebbe essere condivisa su Instagram (senza il vantaggio del coinvolgimento e dell'esposizione della promozione di un post), fai riferimento alla sezione Inserzioni di Facebook.

Ora abbiamo coperto le principali piattaforme pubblicitarie: Facebook, Instagram, Google e YouTube. Ora esploreremo un secondo livello di piattaforme pubblicitarie: Nextdoor, TikTok, Pinterest, Snapchat e Amazon.

Annunci Nextdoor

Questa sezione è stata scritta con l'intuizione di Blake Martin, che ha utilizzato Nextdoor Ads per far crescere la sua attività di verniciatura di marciapiedi fino a raggiungere profitti a sei cifre quando era un liceale. Nextdoor è un potente strumento di networking e lead generation per le aziende che servono una clientela locale.

Con 70 milioni di utenti, Nextdoor sfrutta la community per aiutare le aziende a crescere: infatti, l'88% delle persone fa acquisti in un'attività locale almeno una volta alla settimana e il 44% afferma di essere disposto a spendere di più nelle attività locali. Quindi, sfruttare Nextdoor come megafono per raggiungere la tua comunità locale attraverso la pubblicità e i contenuti organici è un imperativo assoluto per le aziende con sedi fisiche o che servono una comunità locale.

Esamineremo diverse tecniche di sensibilizzazione che hanno dimostrato di avere un effetto benefico su molte piccole imprese. Tutte le aziende dovrebbero creare la propria pagina aziendale e condividere un post iniziale che presenti la propria attività sulla piattaforma Nextdoor; Se la tua azienda offre articoli a basso costo e beneficia maggiormente di una base di clienti locali ricorrenti, pubblicare regolarmente contenuti organici è una strategia primaria (rispetto alla pubblicità, che esploreremo più avanti).

All'interno del post iniziale, segui il formato *vendi te stesso* o il metodo *vendi il tuo cliente*. Il metodo *di vendita da soli* è classico, ma efficace lo stesso. Inizia presentando la tua attività alla comunità in modo personale (incorpora il più possibile la tua storia) e poi indica cosa ti differenzia come azienda rispetto agli altri all'interno della tua comunità (includi immagini pertinenti). Come esempio di prima riga: "Ciao, mi chiamo Daegan. Sono un parrucchiere di San Francisco specializzato nella risoluzione della caduta dei capelli".

Nextdoor ha un pubblico più anziano rispetto alla tipica app di social media, quindi Daegan si è distinta fornendo una soluzione a un problema che si trova comunemente tra i gruppi demografici più anziani. Replicare questo all'interno della tua presentazione Nextdoor dipende da dove vivi: basta analizzare le fasce d'età e i dati demografici della tua comunità.

All'interno del post, includi anche il prezzo del tuo prodotto/servizio e chiudi con le informazioni di contatto e la posizione del negozio (se pertinente), nonché sconti o premi. Puoi pensare a questa iniziale

Il secondo formato di post, chiamato metodo *vendi il tuo cliente*, consiste nel far sì che il tuo cliente consideri i vantaggi che sperimenterebbe dai tuoi prodotti o servizi. Ad esempio, invece di descrivere semplicemente la sua attività, Daegan potrebbe pubblicare una foto prima e dopo il suo trattamento per la caduta dei capelli. Descrivendo un cliente abituale e il modo in cui risolve i suoi problemi, le persone che si adattano al profilo del cliente target reagiranno con forza: in sostanza, fai in modo che lo spettatore pensi a ciò che il tuo prodotto/servizio potrebbe fare per loro attraverso segnali visivi, testimonianze e un linguaggio allettante.

Soprattutto, assicurati che i tuoi post raccontino una storia. Su Nextdoor, non vuoi sembrare una pubblicità generica, ma allo stesso tempo non far sembrare la tua attività un hobby. Piuttosto, racconta una storia riconoscibile, professionale e coinvolgente che si concluda con un invito all'azione. Assicurati di interagire una volta condiviso il post: rispondere ai commenti fa molto per rafforzare le connessioni.

In sintesi, rimarrai sorpreso dall'impatto che un post Nextdoor forte può avere sulla tua attività. App come Nextdoor tendono a esemplificare l'effetto valanga: se il tuo post esplode, tutti all'interno di una comunità si sentiranno obbligati a provare la tua attività, spinti dalla FOMO e dal desiderio di sostenere gli imprenditori locali.

Oltre ai contenuti organici, la pubblicità tramite Nextdoor è uno strumento potente, ideale per le aziende che vendono articoli o servizi ad alto costo. Tieni presente che gli annunci Nextdoor non vengono pubblicati su un modello PPC, ma paghi in anticipo e gli annunci vengono mescolati con contenuti organici nella scheda "home" di Nextdoor. Poiché Nextdoor mostra agli utenti relativamente pochi annunci rispetto alla maggior parte delle altre piattaforme social, le conversioni sono generalmente migliori anche se il monitoraggio e l'analisi sono peggiori.

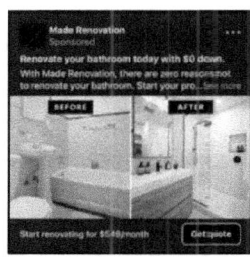 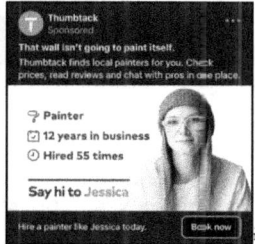

Per iniziare, visita business.nextdoor.com. Fai clic su "Richiedi la tua pagina aziendale gratuita" e assicurati di aver effettuato l'accesso con il tuo account Nextdoor personale. Inserisci il nome, l'indirizzo e le categorie (scegli più di una!) dell'attività. Dopo aver fatto clic su "crea pagina", verrai indirizzato a una pagina di creazione dell'inserzione. Scegli un obiettivo per la tua campagna: "ottieni più messaggi diretti" è il migliore per le aziende che vendono articoli ad alto costo o quelle costruite sulla generazione di lead, "aumenta le visite al sito web" è il migliore per un'azienda che vende una gamma di prodotti online e "promuovi una vendita o uno sconto" è il migliore, come si può intuire, quando hai una forte vendita o un incentivo da promuovere. A seconda dell'obiettivo della campagna scelto, completa il seguente passaggio attraverso una delle due opzioni seguenti:

Ricevi più messaggi diretti. Scrivi alcuni prompt personalizzati che derigano in dettaglio le domande frequenti e le domande che i potenziali clienti potrebbero porre. Compila non meno di tre e non più di sette.

Promuovi una vendita o uno sconto e aumenta le visite al sito web. Per quanto riguarda i contenuti degli annunci, concentrati sulla riconoscibilità e sull'unicità. Identifica i principali punti di vendita e gli slogan dalla sezione dell'identità del marchio (per il titolo) e utilizza sondaggi, statistiche e testimonianze come prova sociale (per l'immagine). Assicurati che il link click-through rimandi a una pagina di destinazione ottimizzata e che il pulsante di invito all'azione si adatti alla pagina di destinazione.

Quindi, considera l'area in cui stai cercando di commercializzare i tuoi annunci. Per fare ciò, analizza dove vivono i tuoi attuali clienti, come ti trovano e fino a che punto sarebbero disposti a spingersi per il tuo prodotto o servizio. Avviare uber locale ed espandersi nel tempo è di solito la strada da percorrere.

Infine, imposta il budget e fai clic su Pubblica. Poiché gli annunci Nextdoor non si basano su un modello PPC, l'aggiornamento e l'ottimizzazione delle campagne pubblicitarie nel tempo è in gran parte una questione di pubblicazione di molti annunci a basso costo ($ 3- $ 10 al giorno) e la transizione della spesa pubblicitaria nel tempo verso i top performer.

Nextdoor ha davvero fatto miracoli per la mia attività e sono fermamente convinta che possa fare lo stesso per molte aziende che si affidano alla loro comunità locale per crescere e prosperare. Forse il tuo vicino sarà il tuo miglior cliente, dopo tutto!

Annunci TikTok

TikTok (Italiano) ha recentemente preso d'assalto il mondo della pubblicità e molti venditori online ne parlano come di una corsa all'oro. Gli annunci TikTok funzionano meglio per le aziende che cercano di rivolgersi a un pubblico di età inferiore ai 30 anni con prodotti o servizi offerti online (ad esempio, non provare a fare pubblicità localmente su TikTok). Gli annunci TikTok si distribuiscono su altre app della rete TikTok, in particolare Pangle e BuzzVideo.

Tutti gli annunci TikTok sono di breve durata e orientati verticalmente; Estremamente breve funziona meglio, quindi sotto i 15 secondi (anche se anche più breve è spesso meglio). Un messaggio visivamente accattivante e incisivo è un must.

Quando imposti la tua prima campagna, ti verrà chiesto in "crea nuovo" di scegliere i posizionamenti degli annunci: puoi optare per il posizionamento automatico, dove TikTok sceglie per te, oppure andare manuale e selezionare dove vuoi che i tuoi annunci vengano pubblicati. Inizialmente, è meglio optare per il posizionamento automatico o testare un'ampia varietà di posizionamenti manuali con un budget limitato. Puoi quindi creare un pubblico personalizzato proprio come faresti su Facebook (tieni presente che i "gruppi di annunci" di TikTok sono equivalenti ai "gruppi di annunci" di Facebook). Si noti che TikTok ha un pixel simile a quello del pixel di Facebook.

Come nota finale, non consiglierei di spingere i video di TikTok come annunci semplicemente per aumentare l'esposizione e far crescere un seguito.

TikTok non è difficile da crescere attraverso contenuti organici rispetto a quasi tutte le altre piattaforme social e raggiungere il pareggio attraverso annunci progettati per aumentare l'esposizione non è plausibile. Ho lavorato con un'azienda che aveva investito migliaia di dollari in annunci TikTok proprio per questo scopo: il loro account, nonostante fosse verificato e avesse un grande team social, si è arenato e ha accumulato solo poche centinaia di migliaia di Mi piace, il che si è tradotto in un seguito inferiore a 10k e in una perdita quasi completa in termini di ROAS.

Invece, sfrutta gli annunci TikTok in-feed per incoraggiare gli utenti a visitare una pagina di destinazione. Mettiti in getstarted.TikTok.com.

Ednnote

Ecco! Questa è la tua introduzione rapida alle sei piattaforme pubblicitarie dominanti pay per click. Non abbiamo trattato tutto, ma abbiamo trattato le basi che ti danno la possibilità di iniziare immediatamente a utilizzare queste piattaforme con successo e di utilizzare questo testo come trampolino di lancio per un ulteriore apprendimento.

Detto questo, buona fortuna nell'utilizzare la pubblicità a pagamento per far crescere la tua attività. Facciamo il tifo per te!

© Anno 2024

Accanto: Ristrutturazione fatta, puntina da disegno

www.ingramcontent.com/pod-product-compliance
Lightning Source LLC
LaVergne TN
LVHW012036060526
838201LV00061B/4630